まちごとチャイナ

Hebei 007 Handan
邯鄲
「黄粱一炊の夢」と春秋戦国

Asia City Guide Production

【白地図】邯鄲と華北

CHINA
河北省

邯鄲と華北

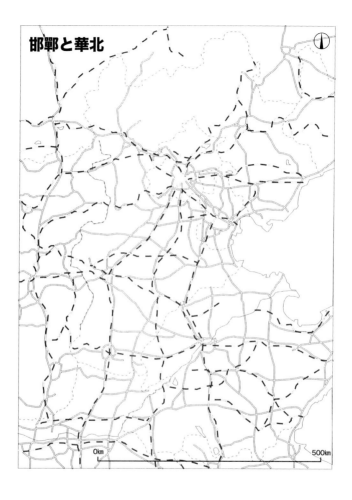

Handan 白地図

【白地図】邯鄲

CHINA
河北省

邯鄲

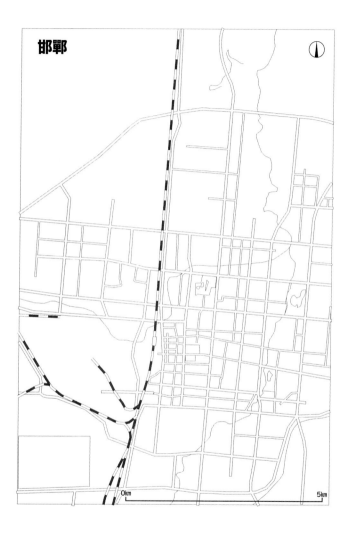

Handan　白地図

【白地図】叢台公園

CHINA
河北省

叢台公園

Handan 白地図

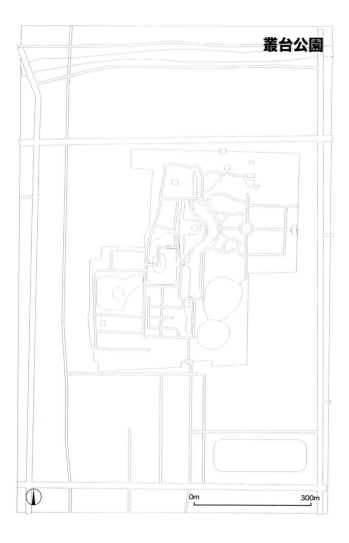

【白地図】邯鄲市街

CHINA
河北省

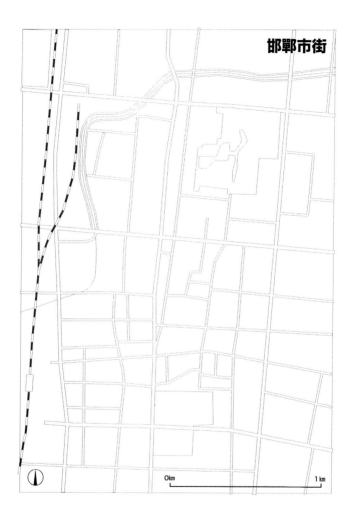

【白地図】「趙の都」邯鄲

CHINA
河北省

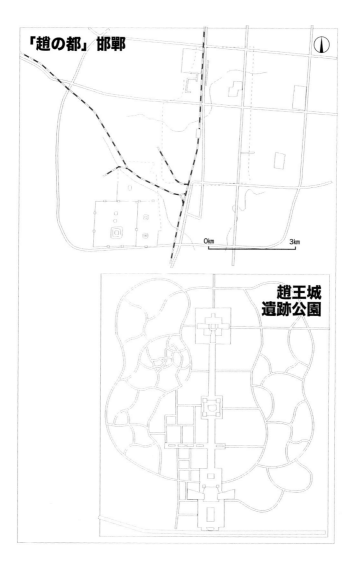

【白地図】黄粱夢

CHINA
河北省

黄粱夢

Handan

白地図

【白地図】邯鄲南西部

CHINA
河北省

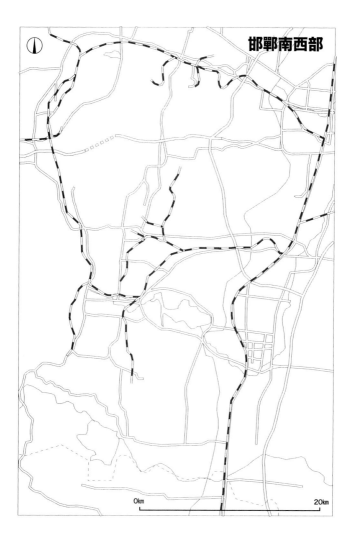

【白地図】響堂山石窟

CHINA
河北省

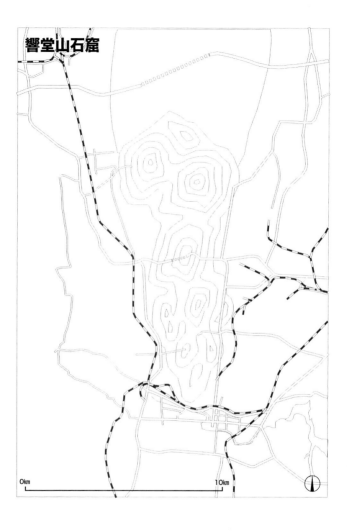

【白地図】鄴城遺跡

CHINA
河北省

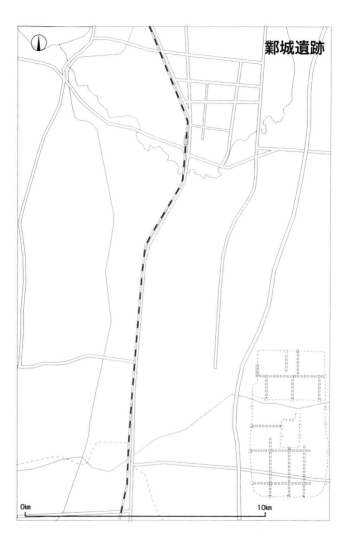

鄴城遺跡

白地図

【白地図】邯鄲郊外

CHINA
河北省

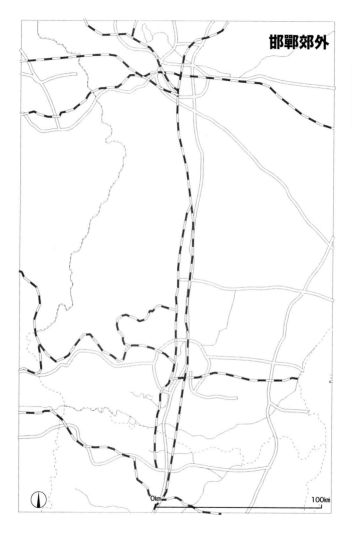

邯鄲郊外 Handan 白地図

CHINA
河北省

【まちごとチャイナ】

河北省 001 はじめての河北省

河北省 002 石家荘

河北省 003 秦皇島

河北省 004 承徳

河北省 005 張家口

河北省 006 保定

河北省 007 邯鄲

河北省西部を南北に走る太行山脈がつきる南端に位置する邯鄲。黄河や中原を南にのぞむこの街は、古代中国の中心地と知られ、「花の都」「邯鄲の美女」「邯鄲の夢」などと人びとの羨望を受けてきた。

新石器時代から人が暮らしていた邯鄲が一躍有名になるのは、紀元前386年、戦国七雄の一角をしめる趙(紀元前403～前222年)の都がおかれたことによる。各地から街道が伸び、多くの商人が集まる都の国力を背景に、趙は秦や斉とともに戦国時代の覇権を争った(紀元前221年、秦が中華を統一)。

Han dan

邯鄲 Hán dān
ハァンダァン

邯鄲

　前漢（紀元前202〜8年）ごろまで繁栄した邯鄲も、以後、遠い時代に名を残す古代都市となっていた。中華人民共和国の成立した1949年には人口3万人ほどの小さな街だったが、近くで豊富な鉱物が産出されることもあって新興工業都市に成長をとげた。また戦国趙の趙王城遺跡や「邯鄲の夢」の邯鄲古観など、周囲にはいくつもの観光資源が残っている。

【まちごとチャイナ】

河北省 007 邯鄲

目次

邯鄲 ………………………………………………………… xxii

趙の都艶やかな彩り ……………………………………… xxviii

叢台公園鑑賞案内 ………………………………………… xxxvii

邯鄲市街城市案内 ………………………………………… xlix

始皇帝生まれ死した地 …………………………………… lxx

趙王城鑑賞案内 …………………………………………… lxxix

黄梁夢鑑賞案内 …………………………………………… lxxxix

響堂山鑑賞案内 …………………………………………… civ

鄴鑑賞案内 ………………………………………………… cxviii

邯鄲郊外城市案内 ………………………………………… cxxxiii

城市のうつりかわり ……………………………………… cxlii

【MEMO】

【地図】邯鄲と華北

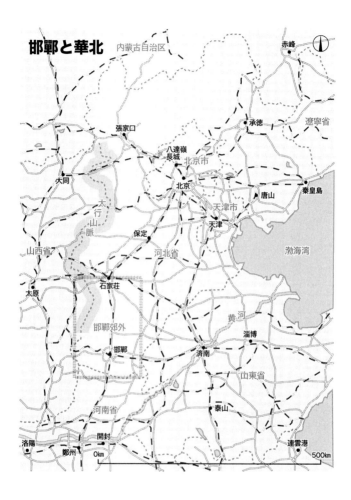

趙の都
艶やかな
彩り

CHINA
河北省

古代中国文明は黄河流域で育まれた
華中（江南）、華南へと広がっていく
中華根源の営みがあった華北の街

春秋戦国「花の都」

周の王族が中国各地に封建され、その子孫たちが互いに競った春秋戦国時代（紀元前770年〜前221年）。農業を中心とする自給自足の経済から、商工業が発達し、余剰の富を背景に都市文化が繁栄をきわめた（大都市を中心とする領域国家が形成された）。「趙の都」邯鄲は、富の集まる戦国随一の都市と知られ、趙の王族や貴族のほかに、各地を往来する商人、労働者、鍛冶工、遊女などが暮らしていた。「燕・趙に佳人多く、美なる者顔玉のごとし」と言われ、邯鄲人の洗練された歩きかたを学ぶため、地方から出てきた青年の故事「邯鄲

学歩」も知られる。古代中国の邯鄲は、現在の中国に受け継がれる政治、経済、文化、思想などの最先進地だった。

黄粱一炊の夢

「邯鄲の夢」「邯鄲の枕」「黄粱夢」の名前でも知られる故事の「黄粱一炊の夢」。唐（618〜907年）代、うだつのあがらない書生の盧生は、邯鄲の宿屋で道士の呂翁に出合い、自らの身のうえを嘆く。そして盧生は黄粱（あわ）の粥ができあがるのを待つあいだ、呂翁のさし出した枕を使って横になった（北中国では「粱」アワ、「黍」キビ、「麦」ムギなど

CHINA
河北省

が秋に黄色い穂をつける。一方、南中国では「米」が主食とされる)。すると盧生は美しい嫁をもらい、科挙に合格して官吏として出世し、50年のあいだ栄華と失脚を経験した。80歳になった盧生がいよいよ大往生しようとしたそのとき、目を覚ますと黄粱の粥はまだ炊きあがっていなかった。『枕中記』に見えるこの故事は日本にも伝わり、『太平記』、また能楽『邯鄲』ほか、さまざまなかたちで脚色され、幸田露伴や芥川龍之介も記している。

▲左　春秋戦国、趙に胡服騎射をとり入れた武霊王ゆかりの武霊叢台。　▲右　眠りについた盧生は栄華をきわめるが・・・、黄粱夢にて

地の利に優れた邯鄲

古代中国では、太行山脈の東を「山東（河北省、山東省）」、西を「山西（山西省、陝西省）」と呼び、邯鄲は華北平原、黄河へ続く太行山脈の東麓に位置する。戦国時代の「秦」咸陽、「斉」臨淄という東西の軸、「魏」大梁、「燕」薊、「韓」鄭、「楚」郢という南北の軸が邯鄲で交わり、これらの都市を結ぶ大幹線、黄河から淮河へ通じる水路も整備されていった。黄河の恵みを受けて豊かな穀物のとれる河北南部と、物資は不十分だが馬が飼育される河北北部という、南北の緯度が生む物資の差を利用した取引が邯鄲で行なわれた（市場が開かれた）。

CHINA
河北省

人びとの生活に必要な「塩（斉の海塩と山西の解池）」、農具や武器の原料となった「鉄」は人びとが求める最大の商品だった。

邯鄲の構成

戦国時代の紀元前386年以来、趙の都がおかれた邯鄲は、時代とともに盛衰を繰り返してきた。趙の王城があったのが邯鄲市街南西部の趙王城遺跡で、そこから北東の王郎城（現在の市街をふくむ）に一般の人びとは暮らしていた。この邯鄲は後漢ごろにはすたれ、逆に後漢より台頭したのが邯鄲の南

▲左　20世紀に入ってから邯鄲は工業都市として発展した。　▲右　邯鄲郊外に残る仏教の北響堂山石窟

35kmに位置する「鄴（ぎょう）」だった。三国魏の曹操がこの鄴に拠点を構えたほか、北朝（386〜581年）時代にはたびたび首都がおかれた。北朝では仏教文化が栄え、都（鄴）の近くに開削された響堂山石窟が残っている。この鄴もやがて衰退し、明清時代を通じて邯鄲は小さな地方都市となっていた。街の中心にある武霊叢台は古くからの邯鄲市街があったところで、新たに市街南西に鉄道駅がつくられ、そちらが新市街として発展した。

【地図】邯鄲

【地図】邯鄲の [★★★]
- ☐ 叢台公園 丛台公园 ツォンタァイゴンユゥエン
- ☐ 邯鄲古観 邯郸古观 ハァンダアングゥグゥアン

【地図】邯鄲の [★★☆]
- ☐ 学歩橋 学步桥 シュゥエブウチャオ
- ☐ 趙苑公園 赵苑公园 チャオユゥエンゴンユゥエン
- ☐ 趙王城遺跡 赵王城遗址 チャオワァンチャンイイチイ

【地図】邯鄲の [★☆☆]
- ☐ 中華大街 中华大街 チョオンフゥアダアジエ
- ☐ 邯鄲市博物館 邯郸市博物馆 ハァンダアンシイボオウグゥアン
- ☐ 晋冀魯予烈士陵園 晋冀鲁豫烈士陵园 ジィンジイリュゥユゥリエシイリィンユゥエン
- ☐ 王郎城 王郎城址 ワァンラァンチャンチイ
- ☐ 百家村 百家村 バァイジィアツゥン

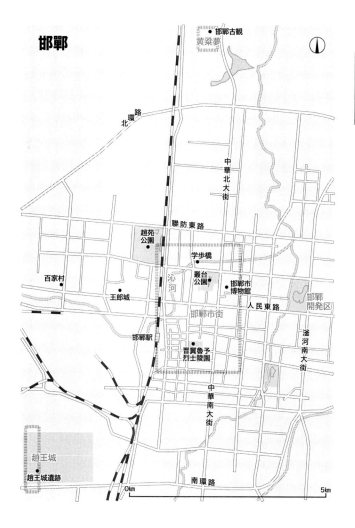

【MEMO】

Guide,
Cong Tai Gong Yuan
叢台公園
鑑賞案内

戦国趙の都を象徴する遺構が武霊叢台
「胡服騎射」をとり入れて諸国を恐れさせた
趙の武霊王ゆかりの地

叢台公園 丛台公园
cóng tái gōng yuán ツォンタァイゴンユゥエン [★★★]

邯鄲市街の中心に立ち、戦国趙の面影を今に伝える叢台公園。叢台湖を中心に武霊王が閲兵を行ない、歌舞を楽しんだという「武霊叢台」はじめ、「七賢祠」「望諸樹」などが点在する。明清時代の邯鄲旧城は武霊叢台を北東の城郭とし、その内側に公園が広がっていた。1953年、基壇の遺跡をもとに叢台公園として整備され、動物園や遊楽場も併設する邯鄲市民の憩いの場となっている。

【地図】叢台公園

【地図】叢台公園の [★★★]
- [ ] 叢台公園 丛台公园 ツォンタァイゴンユゥエン
- [ ] 武霊叢台 武灵丛台 ウゥリンツォンタァ

【地図】叢台公園の [★★☆]
- [ ] 学歩橋 学步桥 シュゥエブウチャオ

【地図】叢台公園の [★☆☆]
- [ ] 七賢祠 七贤祠 チイシィエンツウ
- [ ] 望諸樹 望诸樹 ワァンチュウシエ
- [ ] 邯鄲旧城 邯郸旧城 ハァンダァンジィウチャアン
- [ ] 邯鄲市博物館 邯郸市博物馆 ハァンダアンシイボオウグゥアン

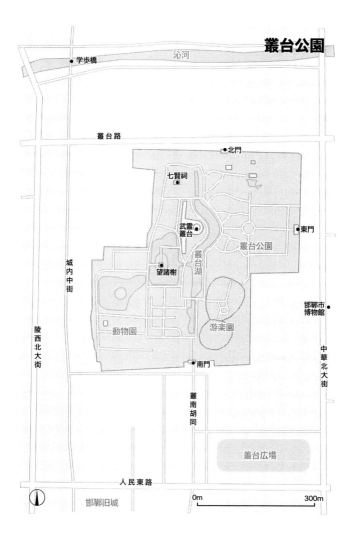

CHINA
河北省

武霊叢台 武灵丛台
wǔ líng cóng tái ウウリンツォンタァイ [★★★]

戦国趙の武霊王（在位紀元前325～前299年）が趙軍の練兵、閲兵をした武霊叢台。古く趙の都は太原にあったが、中原への進出をはかるため、紀元前386年に邯鄲へと都を遷した。戦国七雄が争う乱世にあって、紀元前307年、武霊王は北方騎馬民族の騎馬方法とそれにあわせた衣服を採用して、軍事力を強化（始皇帝登場以前の最強の誉れ高い王だった）。武霊王は北方の中山国を併合し、趙の領土を山西、河北全域に広げて代から内モンゴル高闕にいたる長城を築いた。叢台

▲左　2000年以上前からここが街の中心だった、叢台公園。　▲右　趙の武霊王が閲兵したという武霊叢台

とは「宮殿の基壇が集まった（武霊王の宮殿の台基が蝟集した）場所」を意味し、黄金期の趙は「地は二千里、精兵は数十万、戦車は千乗、軍馬は一万匹、糧食は十年」とたたえられた。この武霊叢台は、紀元前188年に消失し、明清時代に再建されたのち、1945年には再び荒廃していたが、1953年に現在の姿となった。

戦闘を一変させた「胡服騎射」

馬は紀元前4000年ごろ中央ユーラシアで家畜化され、中国では春秋時代まで馬に車（馬車）をひかせて戦闘をしていた。戦

CHINA
河北省

国時代、趙は馬に直接またがり(騎馬)、きわめて高い戦闘力をもつ北東の「東胡」、北西の「林胡」「楼煩」といった北方騎馬民族に接触し、紀元前307年、武霊王が史上はじめて騎馬民族の方法をとり入れた。上着とズボンがわかれ、ベルトをしめる「胡服(現在の洋服のような服、また漢服は右前、胡服は左前といった違いがあった)」、馬に直接乗って戦う「騎射(馬上から弓を討つ)」をあわせて「胡服騎射」と呼ぶ。古来、中国では自らを最上位とし、周囲を蛮夷と見なすため、重臣や一族は武霊王の方針に反対した。しかし、武霊王は「そもそも服というものは、機能をしやすくるため」「(聖人は)民に利をもた

▲左　邯鄲の街を見渡せる武霊叢台のテラス。　▲右　趙国を盛りたてた廉頗、藺相如、趙奢、李牧らをまつる七賢祠

らし、国を盛んにする所以だ」と説きふせ、自ら胡服を着用してひとりひとりに胡服を手渡したという。この武霊王の戦術は、古代中国の戦闘のありかたを大きく変えるものだった。

七賢祠 七贤祠 qī xián cí チイシィエンツウ ［★☆☆］

春秋時代に趙氏を支えた公孫杵臼、程嬰、韓厥の「三忠」、戦国時代に邯鄲を舞台に活躍した廉頗、藺相如、趙奢、李牧の「四賢」を記念する七賢祠。のちに趙を建国する趙氏は春秋晋の臣下で、趙朔の食客の「公孫杵臼」、趙朔の友人「程嬰」、また趙朔の孤児趙武を支えた「韓厥」といった人材を抱えて

CHINA
河北省

いた。紀元前403年、晋が魏、韓、趙に分裂して戦国時代に突入し、やがて紀元前386年、趙氏分家の拠点があった邯鄲が趙の都とされた。武霊叢台を築いた武霊王に続く恵文王のとき、趙の名将と言われた「廉頗」、廉頗との『刎頸の交わり』『完璧』の故事で知られる「藺相如」、宰相平原君の一族からも公平に税をとり立てた「趙奢」、匈奴10万余騎を討ち、趙北方の辺境における名将と謳われた「李牧」らの活躍は『史記』に記されている。大将軍李牧にひきいられた趙は秦を退けながらも、やがて紀元前228年、秦によって都邯鄲を制圧され、紀元前222年に趙は滅んだ。

▲左　武霊叢台へ続く階段、劇的な空間設計となっている。　▲右　蛮夷とされた北方民族の服、戦法をとり入れた「胡服騎射」

望諸榭 望诸榭 wàng zhū xiè ワァンチュウシエ ［★☆☆］

武霊叢台の南西の湖に浮かぶ島に立つ望諸榭。六角形のこぶりの亭は清朝雍正年間（1722 〜 35 年）に建てられたもので、戦国時代に生きた名将の楽毅がまつられている（楽毅は「望諸君」と呼ばれた）。楽毅は、河北省石家荘近くの中山国に生まれたのち、燕の武将として趙・楚・韓・魏・燕の連合国をひきいて斉を討った。やがて趙にくだったことから、七賢祠のそばにこの望諸榭が建てられることになった。湖心亭とも言う。

河北省

完璧の故事

趙の恵文王は、楚の国から最高の玉器「和氏の璧」を送られた。そのことを知った秦の昭王は「(秦の) 城 15 と璧を交換したい」と申し出た。強国の秦と弱国の趙の関係から、趙はその申し出を受け入れざるを得ず、「璧」を秦へ運ぶ使者に藺相如が選ばれた。秦に着いた藺相如は、秦の昭王が「璧」の代わりに「城 15」を交換するそぶりを見せなかったことから、自らの従者に「璧」を密かに趙国へもって帰らせた。数日後、藺相如は死を覚悟で「秦は穆公（昔の王さま）の時代より約束を守ったことはない」「(璧だけ渡して、城 15 が手に入ら

なければ）趙国に対して申し訳がたたない」「ゆえに璧はもって帰らせた」と述べた。昭王は秦と趙の関係をふまえ、ここで藺相如を殺すのは得策ではないと考え、藺相如を歓待してそのまま趙に帰国させた。秦は「城15」を趙に渡さず、趙は「璧」を秦に渡さなかった。「璧」を無事もち帰った藺相如の行ないから、「璧を完（まっと）うする『完璧』」という言葉が生まれた。

**Guide,
Han Dan Cheng Shi**
邯鄲市街
城市案内

邯鄲学歩や刎頸の交わり
さまざまな故事を生んだ邯鄲の地
現在の市街は古代都市のうえに築かれている

学歩橋 学步桥 xué bù qiáo シュゥエブウチャオ ［★★☆］
邯鄲市街の北側を流れる沁河にかかる学歩橋。戦国時代の沁河は牛首水と呼ばれ、今より南（現在の和平路あたり）を流れていた。古くから邯鄲市街と北へ伸びる街道を結ぶ橋（北橋）があったが、1617年に再建されたとき、「邯鄲学歩（『荘子秋水』）」の故事にちなんで、学歩橋と命名された。現在の橋は文革で破壊されたのちに1987年に重建されたもので、長さ32m、幅9mで7つのアーチをもち、橋の欄干に石獅子の彫刻がほどこされている。学歩橋は明清時代の邯鄲旧城のちょうど北門外の北関大街の地にあたり、かつては学歩楼と

【地図】邯鄲市街

【地図】邯鄲市街の ［★★★］
- [ ] 武霊叢台 武灵丛台 ウウリンツォンタァイ

【地図】邯鄲市街の ［★★☆］
- [ ] 学歩橋 学步桥 シュゥエブウチャオ
- [ ] 趙苑公園 赵苑公园 チャオユゥエンゴンユゥエン

【地図】邯鄲市街の ［★☆☆］
- [ ] 邯鄲旧城 邯郸旧城 ハァンダァンジィウチャアン
- [ ] 中華大街 中华大街 チョオンフゥアダアジエ
- [ ] 邯鄲市博物館 邯郸市博物馆 ハァンダァンシイボオウウグゥアン
- [ ] 回車巷 回车巷 フイチャアシィアン
- [ ] 晋冀魯予烈士陵園 晋冀鲁豫烈士陵园 ジィンジイリュウユウリエシイリィンユゥエン
- [ ] 和平路 和平路 ハアピンルウ
- [ ] 邯鄲商業歩行街 邯郸商业步行街 ハァンダァンシャンイェブウシンジエ

【MEMO】

CHINA
河北省

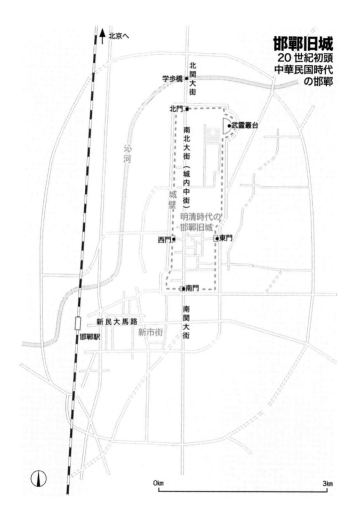

河北省

いう楼閣が立っていたという。

邯鄲学歩とは

戦国時代（紀元前300年ごろ）に活躍した道家の荘子。その著書『荘子』秋水篇のなかで「邯鄲学歩」の話が見られる。当時、「趙の都」邯鄲は、戦国随一の大都会で、邯鄲の人びとは洗練された都会風の歩きかたをして、中国中から羨望を受けていた。あるとき邯鄲の北東に位置する燕の国の村に住む若者は「邯鄲の都会風の歩きかたを学ぼう」と邯鄲におもむいたが、完全に身につけることはできず、その帰路、「邯

▲左　『荘子』の故事にちなんだ学歩橋、邯鄲の人びとの歩きかたは洗練されていた。　▲右　沁河ほとりには軽食店がずらりとならんでいる

鄲の歩きかた」どころか、「普通の歩きかた」も忘れてしまい、四つん這いになりながら、村へ帰った。この故事では「二兎追う者は一兎も得ず」という教訓が示されているという。

邯鄲旧城 邯郸旧城
hán dān jiù chéng ハァンダァンジィウチャアン [★☆☆]

戦国趙の都として中国を代表する繁栄を見せた邯鄲も、後漢（25～220年）以降はおとろえ、やがて地方都市になっていた。古代の邯鄲は地下に埋もれ、現在の邯鄲市街は五代十国の10世紀に建設されたものを受け継ぐという。明清時代の

CHINA
河北省

邯鄲は武霊叢台を北東隅におき、東西1km、南北2kmの城壁に囲まれた、南北に細長い形状だった。現在の城内大街が邯鄲旧城の目抜き通りだったところで、当時は南北大街の名前で知られていた（また斜街、胡同といった地名も残る）。この明清時代の邯鄲旧城南西に、清朝末期、中国の南北を結ぶ京漢鉄道の邯鄲駅が整備され、その前方（東側）に新市街が形成された。

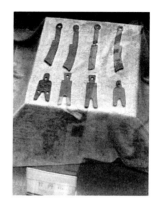

▲左　古代都市邯鄲ゆかりの品々が見られる邯鄲市博物館。　▲右　春秋戦国時代の貨幣、秦による統一以後、秦の円型貨幣が今日まで続いている

中華大街 中华大街
zhōng huá dà jiē　チョオンフゥアダアジエ　[★☆☆]

邯鄲市街を南北に走る大通りの中華大街。美しいプラタナスが植えられ、周囲には行政機関や広場などの公的施設が位置する。

邯鄲市博物館 邯郸市博物馆 hán dān shì bó wù guǎn
ハァンダアンシイボオウウグゥアン　[★☆☆]

古都邯鄲や邯鄲近郊で出土した文物の収蔵、調査研究を行なう邯鄲市博物館。邯鄲西30kmで展開した新石器時代の「磁

CHINA
河北省

山文化」の石器や遺物、邯鄲が最高に繁栄した戦国趙と漢代の出土品をあつかう「趙文化」、邯鄲の南 35km の鄴に都がおかれた北朝時代、また磁州窯が発展した宋元時代の「中国磁州窯瓷器」、磁県で発掘された北朝東魏の王墓「茹茹公主墓」、唐宋時代の華北の石刻「邯鄲古代石刻藝術」などの展示で知られる。もともと博物館の建物は、毛沢東が絶大な権力をにぎっていた 1968 年に建てられ、スターリン様式の影響を受けたものとなっている。1984 年、邯鄲市博物館として開館した。

邯鄲市街城市案内 Handan

回車巷 回车巷 huí chē xiàng フイチャアシィアン [★☆☆]
邯鄲旧城の中心部に残る回車巷。趙の藺相如と廉頗の故事「刎頸の交わり」の舞台とされる。全長75mの路地で、このあたりは古代から明清時代まで邯鄲の中心街だった。

刎頸の交わり

秦から「璧」を見事もち帰ったり、趙王が秦王の臣下あつかいされないように機知を働かせたことで、藺相如は武人の廉頗より上位の位へついた。これに対して、廉頗は「(戦で功をたてた自分より) 口先の働きで自分よりうえにいることが

CHINA
河北省

絶えられない。今度、顔を見たら藺相如に恥辱をあたえてやる」と言った。それを聞いた藺相如は廉頗をさけるようになり、通りでは廉頗が通りすぎるのを待ってから足を進めるほどだった。これに対して、藺相如の臣下は「なぜそこまで廉頗を恐れるのか？」と尋ねた。藺相如は「強大な秦が趙へ侵攻できないのは我ら両人があるため、もしふたりが仲違いすればそれこそ秦の思うつぼ」と答えた。そのやりとりを伝え聞いた廉頗は回車巷の藺相如のもとを訪れ、上半身裸、いばらのムチを背負って藺相如に謝罪した（このムチで自分を打ってくれとわびた）。こうして生まれたふたりの絆を「刎頸の交わり」と言う。

▲左　敷地内は静寂で包まれていた、晋冀魯予烈士陵園にて。　▲右　日本軍や国民政府との戦いのなかで生命を落とした人をまつる

晋冀魯予烈士陵園 晋冀魯豫烈士陵园
jìn jì lǔ yù liè shì líng yuán
ジィンジイリュウユウリエシイリィンユゥエン　[★☆☆]

1949年の中華人民共和国の成立以前、日本軍や国民政府と戦いのなかで生命を落とした中国共産党の烈士をまつる晋冀魯予烈士陵園。晋冀魯予とは「山西省（晋）」「河北省（冀）」「山東省（魯）」「河南省（予）」のことで、1930年代後半から40年代にかけてこれら4つの省にまたがる共産党軍の根拠地（晋冀魯予辺区）が邯鄲をふくむ一帯にあった。この晋冀魯予辺区は面積約20万平方キロ、管轄する人口は2500万

CHINA
河北省

人にもなり、邯鄲はその中心のひとつだった。政治委員を鄧小平（1904〜97年）がつとめ、この地の食料調達、綿などの商品作物の生産、平均以上の生産高は生産者に還元するなどの政策をとった。広大な敷地をもつ園内は、珠徳の筆による『晋冀魯予烈士陵園』の文字が見える「正門」、高さ24mの「烈士紀念塔」、「人民英雄記念碑」が位置する。

日本軍の侵攻と中国共産党

日中戦争期（1937〜45年）には蒋介石の国民党、毛沢東の共産党、日本軍という3つの勢力が存在していた。1932年、

Handan 邯鄲市街城市案内

　日本傀儡の満州国が建国されても、蒋介石の国民党は共産党を先に討つ方針をとったため、共産党は1934〜36年にかけて長征に出て、陝西省延安に根拠地を築いた。一方、1937年の盧溝橋事件をへて、日本軍は京漢鉄道沿いに進撃し、国民党は南京から重慶へと首都を遷したため、日本軍に抵抗する中国側の勢力として共産党が台頭した。中国共産党は都市や鉄道沿線など点を支配する日本軍に対して、省境に「辺区」と呼ばれる根拠地をおき、山岳地帯や農村で日本軍に抵抗した。延安を中心とする陝甘寧辺区のほか、「晋綏（山西省、綏遠省）」「晋察冀（山西省、察哈爾省、河北省）」「晋冀魯予

(山西省、河北省、山東省、河南省)」などの辺区があり、晋冀魯予辺区は日本軍と勢力地が入り乱れたため、多くの犠牲者を出すことになった。

和平路 和平路 hé píng lù ハアピンルウ ［★☆☆］
邯鄲駅と市街地方面の東西を結ぶ和平路。趙の都があった戦国時代、沁河は和平路に沿うように流れていたと言われ、このあたりが戦国趙の都邯鄲(紀元前386～前228年)の中心地だったという。晋冀魯予烈士陵園近くの地層からは戦国時代の鉄器や陶窯が出土している。

▲左　庶民が通う定食屋にて、昼間からビールを飲む人も。　▲右　黄色の屋根がふかれ、こじんまりとした玉皇閣

邯鄲商業歩行街 邯郸商业步行街
hán dān shāng yè bù xíng jiē
ハァンダアンシャンイェブウシンジエ ［★☆☆］

邯鄲市街を南北に走る邯鄲商業歩行街。露店やレストランなどがならぶエリアで、多くの人でにぎわっている。

王郎城 王郎城址
wáng láng chéng zhǐ ワァンラァンチャンチイ ［★☆☆］

邯鄲市街北西部に位置する王郎村にちなんで名づけられた王郎城（邯鄲城）。1940年に発掘された趙王城を受けて、1972年、新たに地下から発掘された戦国時代、前漢時代の邯鄲で、王

CHINA
河北省

北城とも呼ぶ（両者はひとつながりの巨大な街だった）。東西3000m、南北4800mの不規則な長方形の城壁をもち、北西角は斜角になっている。この街に暮らした「戦国邯鄲の製鉄業者」郭縦は王者と富を等しくしたと言い、前漢時代、邯鄲をはじめとする大都市の第一級商人の資本は100万銭前後、年間にあげる利潤は20万銭程度になったという。王郎という名前は、前漢の邯鄲を拠点とした豪族王郎に由来し、劉秀は25年に王郎を破り、河北で後漢の光武帝として即位している。

趙苑公園 赵苑公园
zhào yuàn gōng yuán チャオユゥエンゴンユゥエン[★★☆]
邯鄲市街の北西部に位置し、広大な面積をもつ趙苑公園。趙苑の名の通り、戦国趙（紀元前403～前222年）ゆかりの公園で、武霊王はここで胡服騎射を実践したとされる。武霊王が練兵したという「挿箭嶺」の土台が残るほか、藺相如の完璧の故事で知られる「和氏璧」「梳粧台」「鋳箭炉」「皇姑庵」「照眉池」などが再現されている。趙の家臣たちの邸宅はこの趙苑公園をふくむ王郎城にあったと考えられ、当時の遺構は現在の邯鄲市街の地下に眠っている。王宮にあたる趙王城

河北省

と、人びとの暮らした王郎城をあわせた戦国趙の邯鄲は、現在の邯鄲市街にくらべても巨大なものだった。

百家村 百家村 bǎi jiā cūn バァイジィアツゥン ［★☆☆］
邯鄲市街の西5kmに位置する百家村。この村からは戦国趙（紀元前403〜前222年）の墓が49基、前漢（紀元前202年〜8年）の墓が10基確認され、百家村古墓群と呼ばれている。

始皇帝
生まれ
死した地

CHINA
河北省

孔子が編纂したという魯国の年代記『春秋』
前漢の劉向が編纂した史書『戦国策』
これらに描かれた中国の黄金期「春秋戦国」

華の春秋戦国時代

紀元前1050年、牧野の戦いで殷を破って、理想の治世を築いたという周。広大な中国を統治するにあたって、周は一族を各地に封建し、都は今の西安にあった（西周）。紀元前770年、異民族の侵入を受けた周王室は洛陽に東遷したものの（東周）、いっときの力はなく、各地の諸侯が覇権を争う春秋時代へと突入した。春秋時代には100以上の国があり、斉の桓公、晋の文公、楚の荘王、呉王闔閭、越王勾践、秦の穆公、宋の襄公らが覇者となった。紀元前403年、晋が魏、韓、趙に分裂して戦国時代に突入し、数ある国は燕、斉、韓、魏、

Handan

始皇帝生まれ死した地

趙、秦、楚の戦国七雄に併合されていった。なかでも「信賞必罰」の法による国家制度を整えた西方の秦が国力を強め、秦に対して他の6国が縦に同盟を結ぶ「合従」、また秦と特定の1国が横に同盟する「連衡」といった外交戦略が繰り広げられた。邯鄲に都をおく趙は、反秦同盟の中心的存在となっていたが、やがて1国ずつ討たれ、紀元前221年、秦の始皇帝のもと中国は統一された。

【MEMO】

CHINA
河北省

春秋戦国の長城 『万里の長城』
（青木富太郎／近藤出版社）をもとに作成

Handan 始皇帝生まれ死した地

合従と連衡
『中國歴史地圖大圖鑑』
天衛文化圖書をもとに作成

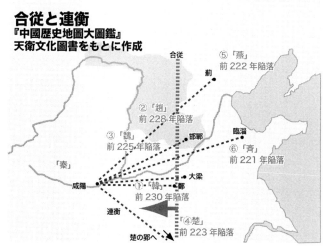

河北省

「奇貨居くべし」と賭けをした商人

中国各地を往来して貿易や投機、高利貸しを行なった商人。商人という言葉は、周に討たれた殷（商）の人が国を失い、行商に従事したことに由来する。春秋戦国時代、商人が台頭し、諸国の中心にあたる趙の邯鄲は、鉄や塩、穀物などが集まる一大商業都市となっていた。この邯鄲に商売で訪れていたのがのちに秦の丞相となる呂不韋で、人質となっていた秦の王族子楚の非凡さ、秦の世継ぎの事情をふまえ、その後見人となった（戦国時代には、諸国のあいだで王子が人質として交換され、いつ殺されても仕方のない状況だった）。この

Handan 始皇帝生まれ死した地

▲左　都市を囲む城壁から長城へ、各地の長城を始皇帝がつなげた。　▲右　趙はきわめて高い軍事力を誇った、叢台公園にて

とき呂不韋は父と「田畑を耕す利益は？」「10倍」。「珠玉のもうけは？」「100倍」「国君をもりたてるもうけは？」「はかりしれぬ」というやりとりをしたという。呂不韋は宮廷での裏工作、後押しで子楚を王とし、この子楚を継いだのが秦の始皇帝だった。このときの呂不韋の投機は「奇貨居くべし（これはめったにない代物だ、買っておこう）」の言葉で知られる。

河北省

始皇帝が生まれ、そして死んだ

呂不韋の援助もあって、秦の皇太子となった子楚。ある宴で呂不韋に仕えた舞姫(邯鄲の「富豪の娘」趙姫)が目にとまり、自分のもとへほしいとねだった。そのとき趙姫は呂不韋の子どもを身ごもっていたというが、呂不韋は断ることができず、趙姫は子楚のものとなった。当時の秦趙関係は最悪で、紀元前260年、長平の戦いで秦は趙国人40万を虐殺し、秦軍が邯鄲を包囲するなかの紀元前259年、趙姫は子どもを生んだ。これがのちに始皇帝(紀元前259年〜前210年)となる子どもで、正月に生まれたことから「政」、秦の姓をつけて「嬴

Handan

始皇帝生まれ死した地

政」とも、生まれた地をとって「趙政」とも呼ばれた。昭王死後、秦に戻った子楚は呂不韋の援助や根回しもあって王に即位すると、趙姫と「政（始皇帝）」も秦に戻り、やがて政は子楚をついで王に即位した。秦は紀元前228年に邯鄲を陥落させるが、このとき邯鄲にやってきた始皇帝は母（趙姫）や母の実家が恨みをもつ者を生き埋めにして都咸陽へ戻ったという。紀元前221年、始皇帝は史上はじめて中国全土を統一し、栄華をきわめたものの、「不老長寿」の願いはかなわず、河北の沙丘（邯鄲北東）でなくなった。

Guide,
Zhao Wang Cheng
趙王城
鑑賞案内

都市国家、自給自足の農業経済から
領域国家、交換経済へと遷る激動の戦国時代
趙の都邯鄲は中国でもっとも輝く都市だった

趙王城遺跡 赵王城遗址
zhào wáng chéng yí zhǐ チャオワァンチャンイイチイ [★★☆]

邯鄲市街南西に位置する趙王城遺跡は、戦国趙の王城跡で、紀元前386年から秦に制圧される紀元前228年まで邯鄲に都があった。趙の邯鄲は現在の市街地全域をふくむ巨大な都市で、ここ趙王城遺跡には趙の王族たちが暮らしていたという（商人や庶民は現在の市街地に暮らした）。戦国七雄にあって、諸国のちょうど中心にあたる邯鄲は、当時、中国でも最高の繁栄を見せる都市だった。戦国趙の邯鄲城は周囲に城壁をめぐらし、楼閣には屋根瓦がふかれていたという。趙王城遺跡

【地図】「趙の都」邯鄲

【地図】「趙の都」邯鄲の [★★☆]
- [ ] 趙王城遺跡 赵王城遗址 チャオワンチャンイイチイ
- [ ] 趙苑公園 赵苑公园 チャオユゥエンゴンユゥエン

【地図】「趙の都」邯鄲の [★☆☆]
- [ ] 廉頗祠 廉颇祠 リィエンポウツウ

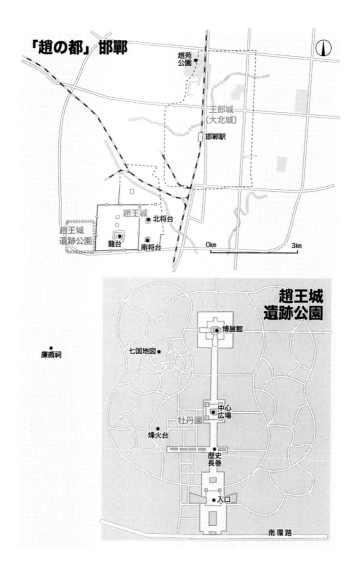

CHINA
河北省

は、「東」「西」「北」からなる「品」の字型をし、一辺 1.5km 弱の城壁に囲まれた主城には「龍台」と呼ばれる宮殿の基壇が残っていた(この戦国趙の趙王城遺跡は、1940 年に日本の東亜考古学会によって発掘された)。現在は主城の西側が公園として整備され、「中心広場」「牡丹園」「博展館」「烽火台」「七国地図」など趙のモニュメントが見られる。

▲左 きれいに整備された趙王城遺跡。 ▲右 この公園に隣接する龍台は戦中、日本人によって発掘された

古代都市の繁栄

古代中国で最高の繁栄を見せていた邯鄲。この地からは趙の貨幣とともに、燕の貨幣が発見され、両者の経済交流、貨幣経済の起こりが確認できる。当時、食料、衣料、日用品のならぶ市が立ち、言葉や文化の異なるさまざまな国の人びとがこの街に集まっていた（塩や鉄は特定の地域でしか産出されないが、誰もが必要とする）。また邯鄲には、食品業のほか、醸造業、織物業、染色業、皮革業などの業種につく人たちがいて、大いに都市文化が栄えていたという。春秋時代（紀元前770〜前403年）はそれぞれの都市に、周から封建された

CHINA
河北省

世襲制の王がいたが、やがて戦国時代(紀元前403〜前221年)になって中央から官吏が派遣される郡県制へと移行していった。「県」とは中央に従属するという意味の「懸」が転じたもので、「県」の集まり（群れ）を「郡」といった。

趙と万里の長城

戦乱の絶えなかった中国では、外敵から都市を守るために城壁をめぐらせ、都市を「城市」と言った（中国の「城」は都市そのものをさすため、日本の「城」とは異なる）。春秋時代から戦国時代にかけて社会が大きく変動し、都市国家から

Handan 趙王城鑑賞案内

▲左 文字が意味をもつ漢字、中華の統一に貢献した。　▲右 狼のフンを燃やして敵襲を伝えたという、烽火台にて

いくつもの都市を包括する領土国家（戦国七雄）が姿を現した。領土国家の出現とともに、自国の領土を守る城壁「長城」がつくられ、紀元前369年に「中山（石家荘郊外）、長城を築く」という記録はじめ、斉、楚、燕、趙、魏、秦などの各国が長城を築いている。趙は北方騎馬民族の侵入をふせぐため、北流黄河が東に流れる地の北側から、山西省北部に向かって長城を築いた（また各国の国境の入り組む邯鄲の南側に半円状の長城が築かれた）。紀元前221年、秦の始皇帝が中国を統一すると、趙や燕がつくった北方の長城をつなぎあわせ、さらに西に延長して「万里の長城」が完成した。

河北省

水利と黄河

「南船北馬」の言葉の通り、華北では馬が人びとの主要な乗りものだったが、治水や水利も重きをなした。邯鄲の南側では黄河へ通じる水路が開かれ、それを使って物資が邯鄲に運ばれた。また邯鄲南35kmの鄴に長官として赴任してきた戦国魏の西門豹は、黄河の神への過度の祭祀や迷信をたち、黄河から水路をひいた。当時の黄河は現在よりもはるか北側、邯鄲に近い場所を流れていて、「河北（省）」や「河南（省）」という名称も、「黄河の北」「黄河の南」を意味する。黄河は大きく流れを変えただけでも26回が確認され、河北省南部

はその分岐点にあたった。現在の天津方面へいたる黄河の流れは清朝末期の 1855 年からで、それ以前は南の江蘇省淮河のほうへ流れていた。

廉頗祠 廉颇祠 lián pō cí リィエンポウツウ

趙王城遺跡の南西 4km に位置する廉頗祠。廉頗は趙の恵文王に仕えた名将で、秦軍の攻撃をよく食いとめた。廉頗の墓は晩年を過ごした安徽省のものが知られるが、ここ邯鄲にも中国の伝統的な様式で残っている。

Guide,
Huang Liang Meng
黄梁夢
鑑賞案内

邯鄲駅から北にひと駅の黄梁夢鎮
肥沃な平原に麦や梁など穀物がみのる
「邯鄲の夢」の舞台

邯鄲古観 邯郸古观
hán dān gǔ guān ハァンダァングウグゥアン［★★★］

邯鄲の北5km、邯鄲へと続く街道そばに残る邯鄲古観（黄梁夢呂仙祠）。唐代、うだつのあがらぬ書生の盧生が仙人からあたえられた枕で寝て、夢のなかで栄華をきわめる「邯鄲の夢（黄梁一炊の夢）」の舞台となった茶屋があった場所と伝えられる（秋、華北では「アワ」梁が黄色い穂をつける）。蓬莱仙境照壁を越えて敷地内に入ると、故事に登場する仙人の呂洞賓、盧生らをまつる堂が軸線上にならぶ（また清朝末期の光緒帝と西太后の行宮も残る）。邯鄲古観は山門を西側

【地図】黄粱夢

【地図】黄粱夢の［★★★］
- [ ] 邯鄲古観 邯郸古观 ハァンダアングウグゥアン

【地図】黄粱夢の［★★☆］
- [ ] 盧生殿 卢生殿 ルウシェンディエン

【地図】黄粱夢の［★☆☆］
- [ ] 八仙閣 八仙阁 バアシィアンガア
- [ ] 八角亭 八角亭 バアジィアオティン
- [ ] 鐘離殿 钟离殿 チョンリイディエン
- [ ] 呂祖殿 吕祖殿 リィュウズウディエン
- [ ] 光緒行宮 光绪行宫 グァンシュウシンゴォン
- [ ] 広済宮 广济宫 グゥアンジイゴォン

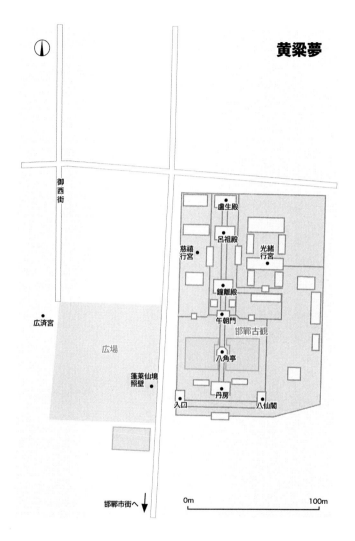

CHINA
河北省

に配置する特異な様式をもち、街道への利便性や、西側の紫山の風水を意識してのものだともいう。

邯鄲の夢とは

「邯鄲の夢」は唐の玄宗年間（8世紀後半）、沈既済が記した『枕中記』のなかの故事。神仙術を体得した道士の呂翁は邯鄲に続く街道上の宿（黄粱夢鎮）で休んでいたところ、道を行く青年の盧生に出会った。盧生は自らの身のうえを嘆き、「この世に生まれたからには、名をあげたいものだ」とため息をついていた。呂翁は枕をさし出し、「この枕で眠れば願

Handan　黄粱夢鑑賞案内

▲左　夢のなかの盧生、やがて夢から醒めて現実を知る。　▲右　黄粱夢の邯鄲古観の入口

いどおりになる」と告げた。やがて盧生は財産をもった崔氏の令嬢を妻とし、科挙にも合格した。異民族討伐の武勇もあげ、皇帝からお褒めの言葉をたまわったが、やがてねたみから流罪となった。そのとき、盧生は「山東の家で田畑を耕しておけばこうはならなかった（普通にしあわせな生活ができた）」と後悔したが、やがて名誉が回復された。多くの子どもにめぐまれた盧生は、50年にわたって栄華をきわめ、いよいよ80歳になって死が訪れようとしたとき、あくびをして目を覚ました。すると、呂翁がそばに坐り、眠る前に宿主がとりかかった黄粱はまだたきあがっていた。この夢を見た

盧生は「成功と失敗」「夢と現実」「生と死」などの無常を悟ったという。

八仙閣 八仙阁 bā xiān gé バアシィアンガア ［★☆☆］
邯鄲古観の山門から入って突きあたりに立つ八仙閣。八仙とは中国の民間で信仰されている呂洞賓、李鉄拐、鍾離権、張果老、藍采和、曹国舅、韓湘子、何仙姑の8人の仙人をさし、このうち呂洞賓と鍾離権が邯鄲古観とゆかりが深い。中国では旧正月などめでたい行事にあたって、八仙を描いた絵をかかげる習慣があり、船に乗って海を渡る八仙の図像が知られ

る。八仙は元代ごろから信仰されはじめ、邯鄲古観の八仙閣は明代末期に建てられたのち、1984年に再建された。八仙の像が安置され、この8人はそれぞれ実在の人物であるとも、架空の人物であるとも言う。

八角亭 八角亭 bā jiǎo tíng バアジィアオティン ［★☆☆］
蓮池の中心に立つ八角亭。八角形のプランは道教で森羅万象を表現する「八卦」に由来し、八仙の絵が見える。邯鄲古観の前方部と奥部を結ぶ役割を果たしている。

河北省

鐘離殿 钟离殿 zhōng lí diàn チョンリイディエン [★☆☆]
呂祖殿、盧生殿へ続く邯鄲古観の三観の前方に位置する鐘離殿。八仙のひとりで、904年、呂洞賓に金丹と剣法を授けたという鍾離権(雲房先生)がまつられている。この鍾離権は呂洞賓の前に10度、現れて修行の成果を試したという。

呂祖殿 呂祖殿 lǚ zǔ diàn リィュウズウディエン [★☆☆]
中国でもっとも人気の高い仙人である呂洞賓をまつった呂祖殿。呂洞賓は『邯鄲の夢』では盧生に枕をあたえた仙人で、おみくじやうらないの扶箕(フーチー)でも親しまれている。

▲左　蓮池に浮かぶ八角亭。　▲右　呂洞賓や鍾離権といった仙人は「人びとの願いをかなえる」という

史実では唐代の798年、山西蒲坂永楽鎮に生まれ、とくに金代に儒教、仏教の要素もあわせて成立した道教の全真教との関係で呂洞賓信仰が広まった（全真教の教祖に教えを授けたのが呂洞賓）。実際、「邯鄲の夢」は唐代の話なので年代があわないが、中国民衆のなかでの呂洞賓信仰の高まりから、盧生に枕を渡したのは呂洞賓だと見られるようになった。

盧生殿 卢生殿 lú shēng diàn ルウシェンディエン［★★☆］
唐代、邯鄲へ続く街道の宿場で、呂翁に差し出された枕で眠った盧生は50年に渡って栄枯盛衰をきわめる。しかし、目を

CHINA
河北省

覚ますとそれらはすべて夢のなかの出来事で、黄粱はまだたけていなかったという。この「邯鄲の夢（黄粱一炊の夢）」の主人公である盧生をまつった盧生殿。盧生殿には盧生が横になって夢を見ている彫像、また盧生の見た夢（邯鄲の夢）が描かれた壁画がかざられている。そこでは、美しい妻をめとった盧生、高級官僚となった盧生、武将として異民族討伐にあたった盧生、流罪にあった盧生などが描かれている。盧生は蜀（もしくは山東）から旅してきた若者とされるが、ここ黄粱夢鎮ではこの村の出身だとも考えられている。

Handan

黄粱夢鑑賞案内

能で演じられる『邯鄲』

『枕中記』の「邯鄲の夢（黄粱一炊の夢）」の故事は日本にも伝わり、『太平記』のなかで描かれ、室町時代以降、能の題材にもとり入られた。能楽の『邯鄲』では、漢代、蜀に暮らす盧生が仏法を求めて、羊飛山へ向かうところ、邯鄲の旅宿で女主人から枕を借りるという設定になっている。夢のなかで盧生がめしかかえられるのは楚の王で、能楽『邯鄲』で盧生役は「邯鄲男」という面を使う。

河北省

光緒行宮 光绪行宫
guāng xù xíng gōng グァンシュウシンゴォン [★☆☆]

邯鄲古観の東側の軸線上に残る光緒行宮。ここは清朝末期の第11代光緒帝（1871～1908年）が行宮をおいた場所。1900年の義和団事件にあたって、西欧と日本からなる8か国の連合軍が北京を制圧し、光緒帝は西太后とともに西安へと落ち延びた。この光緒行宮はそのときのもので、敷地の西側には西太后の慈禧行宮も残る。

▲左 黄梁夢の向かいに立つ広済宮。　▲右 身をやつして北京から逃亡してきた光緒帝と西太后の行宮も残る

広済宮 广济宫 guǎng jì gōng グゥアンジイゴォン ［★☆☆］

広場をはさんで邯鄲古観と対峙するように立つ広済宮。ど派手な装飾のほどこされた道教寺院で、前方には清朝時代の碑林も立つ。邯鄲から邢台にかけては農村自衛組織の紅槍会など秘密結社が発達した場所で、道教がその信仰の糧となってきた。

趙王陵 赵王陵 zhào wáng líng チャオワンリィン ［★☆☆］

邯鄲市街の北西15km、柴山の東麓に位置する、戦国時代、邯鄲を都とした趙（紀元前403年～前222年）の王陵。南北

CHINA
河北省

7km、東西4kmに広がる墓域には3つの墳丘墓が残り、趙の恵文王、孝成王、悼襄王のものとされる。中国で墳丘(山の形状をした墓)や陵墓が普及するのは戦国時代からで、『史記』には「紀元前335年、(趙は)寿陵を起す」と記されている。戦国時代、社会変革から強い権力をもった君主が台頭し、以後、中国では王や皇帝の陵墓をつくるようになった(武霊王の霊丘、呉王闔閭の虎丘など、墓は丘と呼ばれた)。趙王陵近くに趙の三陵にちなむ三陵村が残る。

Guide, Xiang Tang Shan
響堂山鑑賞案内

CHINA
河北省

胡族を中心とした北朝は漢族の宗教でない
インド生まれの仏教で国を統治しようとし
混乱した時代の人びとは救いの思想を求めた

北斉と石窟寺院

中国が分裂した南北朝時代では、南京を都とする漢族の南朝と、五胡（匈奴、羯、鮮卑、氐、羌）の建てた十六国を統一した北朝が並立した。北朝最初の北魏は都大同の近くに仏教の「雲崗石窟」を、のちの都洛陽の近くに「龍門石窟」を開削した。北魏はやがて東西に分裂し、東側の東魏とそれに続く北斉は「鄴」を都に、太行山脈を超えた「太原」に副都においた。この鄴と太原を結ぶ街道上の鄴（東）側に「響堂山石窟」、太原（西）側に「天龍山石窟」が残っている。当時、河北省南部を中心とした北斉では、「僧、僧尼は400余万、

仏教寺院は４万余り」と言われるほど、仏教文化が繁栄を見せた。この時代、北魏の都があった洛陽は一時的に衰退し、隋唐時代に重要な都がおかれるまで100年のあいだ、鄴が政治、文化の中心となった。響堂山石窟には、東魏、北斉、隋、また明代までの仏教文化が残る。

北響堂山石窟 北响堂山石窟 běi xiǎng táng shān shí kū
ベイシィアンタァンシャンシイクウ［★★☆］
石灰岩の鼓山西側中腹に、東魏から北斉時代の仏教石窟が残る北響堂山石窟。山麓には常楽寺遺跡、また八角形の９層

【地図】邯鄲南西部

【地図】邯鄲南西部の [★★☆]
- [ ] 北響堂山石窟 北响堂山石窟 ベイシィアンタァンシャンシイクウ
- [ ] 趙王城遺跡 赵王城遗址 チャオワァンチャンイイチイ

【地図】邯鄲南西部の [★☆☆]
- [ ] 南響堂山石窟 南响堂山石窟 ナンシィアンタァンシャンシイクウ
- [ ] 磁山遺跡 磁山遗址 ツウシャンイイチイ
- [ ] 午汲古城 午汲古城 ウウジイグウチャン
- [ ] 趙王陵 赵王陵 チャオワンリィン
- [ ] 廉頗祠 廉颇祠 リィエンポウツウ
- [ ] 鄴城遺跡 鄴城遗址 イエチャンイイチイ
- [ ] 北朝墓群 北朝墓群 ベイチャオムウチュゥン
- [ ] 西門豹祠 西门豹祠 シイメンバオツウ
- [ ] 磁州窯遺跡 磁州窑遗址 ツウチョウヤオイイチイ

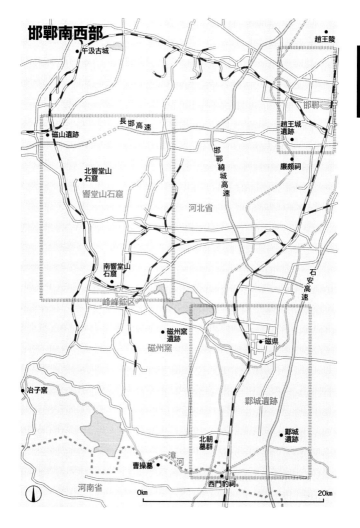

【地図】響堂山石窟

【地図】響堂山石窟の ［★★☆］
- ☐ 北響堂山石窟 北响堂山石窟
  ベイシィアンタァンシャンシイクウ

【地図】響堂山石窟の ［★☆☆］
- ☐ 南響堂山石窟 南响堂山石窟
  ナンシィアンタァンシャンシイクウ
- ☐ 磁山遺跡 磁山遗址 ツウシャンイイチイ
- ☐ 磁州窯遺跡 磁州窑遗址 ツウチョウヤオイイチイ

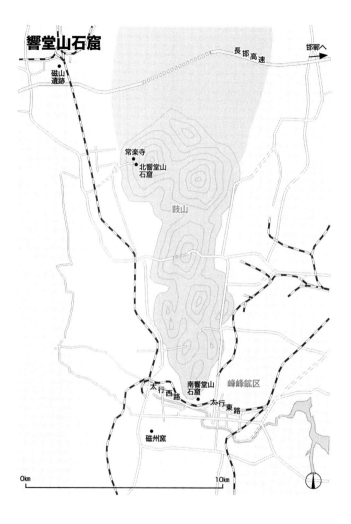

CHINA
河北省

の尖塔が立ち、石段をのぼっていったところに北洞(大仏洞)、中洞(釈迦洞)、南洞(刻経洞)が残る。これらの石窟は550年代から造営がはじまり、570年代にいったん完成し、短期間の王朝ながら北斉(550〜577年)がつくった北朝仏教文化の傑作と知られる。北朝では「如来＝皇帝」と見なす思想があり、北洞は北斉の初代皇帝である文宣帝が、北斉の実質的な祖である高歓の威光を示すために開削したという。「高歓墓洞」とも呼ばれ、もっとも早くに彫られた北洞石窟内部は幅12.1 m、奥行き11.3m、高さ10 mで中央に方形の柱が立ち、正面に如来三尊像、また三方向に仏龕がめぐらさ

▲左　常楽寺そばに立つ９層の尖塔。　▲右　北斉の仏、皇帝とブッダは重ねて見られた

れている。前代の北魏では仏像の漢民族化が進められたが、北斉仏ではインドや西アジアなど西方的な要素が強い（「北斉の都」鄴には、イラン系ソグド人のコミュニティもあったという）。この北洞と中洞は方柱窟で、南洞の刻経には鳩摩羅什「維摩詰所説経」が見られるほか、山頂には天宮が立つ。

南響堂山石窟 南响堂山石窟 nán xiǎng táng shān shí kū
ナンシィアンタァンシャンシイクウ　[★☆☆]

南北に長く走る鼓山の南側の小高い丘に残る南響堂山石窟。565年、北響堂山石窟に少し遅れて霊化寺の仏僧、慧義によっ

【MEMO】

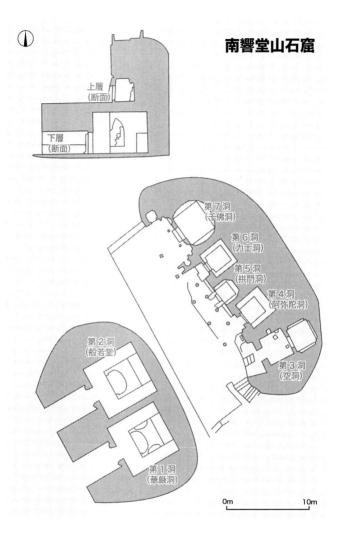

CHINA
河北省

て開削され、上下の階層をもつ立体的な石窟となっている(雲崗や洛陽の石窟は国家による主導だったが、この響堂山石窟は民間主導のもの)。東から第1洞(華厳洞)、第2洞(般若堂)の下層、東から第3洞(空洞)、第4洞(阿弥陀洞)、第5洞(拱門洞)、第6洞(力士洞)、第7洞(千佛洞)の上層を中心に構成される。このあたりは河北省と河南省の省境地帯にあたり、かつては南響堂山石窟が河北省に、北響堂山石窟が河南省に属していた。

磁山遺跡 磁山遗址
cí shān yí zhǐ ツウシャンイイチイ ［★☆☆］

邯鄲の西郊外、河北省武安県に残る磁山遺跡は、仰韶文化よりも 1000 年ほど古い新石器時代の遺跡。黄河中下流域でも最初期のもので、粟などの畑作農耕のあとが確認されている。また家畜として飼育された犬や豚の骨が出土し、採集や狩猟生活が行なわれていたという。磁山遺跡では紀元前 8000 〜前 5400 年ごろ人が暮らし、南北 412m、東西 380 mの台地が残る。

河北省

午汲古城 午汲古城
wǔ jí gǔ chéng ウウジイグウチャン [★☆☆]

午汲古城は、1957年に発掘された漢代の農村都市遺跡。東西889m、南北768mからなり、周囲を城壁で囲まれた漢代の集落を今に伝える。

Guide, Ye
鄴
鑑賞案内

CHINA
河北省

鄴は『史記』に登場する西門豹や
三国魏の曹操ゆかりの都
かつて華北有数の都市として繁栄をきわめた

鄴城遺跡 鄴城遺址 yè chéng yí zhǐ イエチャンイイチイ [★☆☆]
中原にある諸夏の防衛拠点として斉の桓公（〜紀元前643年）によって都市が築かれ、春秋戦国時代から栄えていた鄴。魏と趙の国境近くに位置するこの街に、西門豹が長官として赴任し、黄河の水による灌漑で鄴あたりは肥沃な土地となった。204年、三国魏（204〜220年）の曹操が都をおき、宮殿や宗廟を建てたことで、鄴は洛陽、長安とならぶ華北随一の街へと成長をとげた。以後、後趙（335〜350年）、魏（350〜352年）、前燕（357〜370年）、東魏（534〜550年）、北斉（550〜577年）の都がおかれるなど、鄴は各勢力の争奪の的と

鄴鑑賞案内

なった。鄴城遺跡は袁紹と曹操の築いた東西2400m、南北1700mの「北城」と、534年以降に東魏と北斉の築いた東西2600m、南北3450mの「南城」からなり、後趙石虎（〜349年）の築いた東西太武殿は、秦の阿房宮、盧の霊光殿とならぶ壮麗さだったという（当時、洛陽から宮殿や人がこの都に移され、鄴が洛陽に代わって華北随一の都市となっていた）。580年、鄴を制圧した北周の武帝は都を破壊し、以後の河北南部の中心は大名や邢台に移っていった。鄴城遺跡のなかを漳河が流れ、この暴れ川の運ぶ土砂によって遺構は地中に埋もれ、鄴城三台遺跡などがわずかに残る。

【地図】鄴城遺跡

【地図】鄴城遺跡の [★☆☆]
- ☐ 鄴城遺跡 鄴城遗址 イエチャンイイチイ
- ☐ 鄴城三台遺跡 邺城三台遗址 イエチャンサンタァイイイチイ
- ☐ 北朝墓群 北朝墓群 ベイチャオムウチュゥン
- ☐ 西門豹祠 西门豹祠 シイメンバオツウ

CHINA
河北省

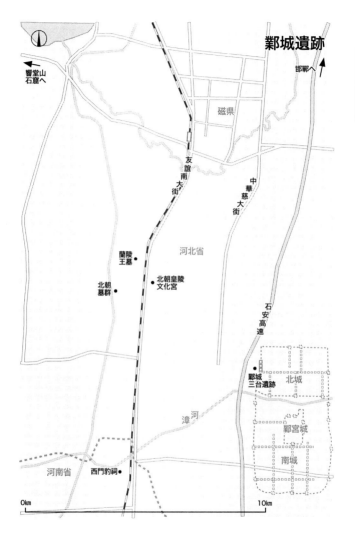

河北省

『三国志』曹操の都

後漢(25〜220年)末、社会が混乱するなか、河北で黄巾の乱が起こり、後漢の力は弱まって董卓、袁紹、曹操ら群雄割拠の時代を迎えた。鄴にははじめ袁紹がいたが、袁紹を討った「乱世の姦雄(英雄)」曹操は204年、冀州(河北)の州牧となってここに自身の拠点をおいた(皇帝のいる南の洛陽、また後漢以来、中国各地に暮らした遊牧民への足がかりとなる要衝だった)。時代は、鄴の曹操(魏)、南京の孫権(呉)、成都の劉備(蜀)の三国時代に遷るなか、曹操は鄴に玄武池を造営して水軍を訓練し、南方との戦いに備えたという。曹

操は213年に魏公、216年に魏王の位を得たが、自らは皇帝にはならず、220年、曹操の子である曹丕が魏の皇帝として即位した。長らく曹操の墓の所在はわかっていなかったが、2009年、鄴の南西15kmに位置する河南省安陽西高穴から曹操墓が発見された。

鄴城三台遺跡 邺城三台遗址 yè chéng sān tái yí zhǐ
イエチャンサンタァイイイチイ ［★☆☆］

曹操は鄴に拠点をおくと、東西2400m、南北1700mの鄴城を整備し、その北西に宮殿を築いた（皇帝のいる洛陽より

CHINA
河北省

大きくならないようこの規模にしたという)。北から冰井台、銅雀台、金鳳台がならぶ三台が宮殿で、その壮麗さから以後、鄴の象徴と見られるようになった。210年、曹操は銅雀台に120もの宮殿をつくり、五層からなる楼閣には、翼を広げた姿の金銅製鳳凰を屋上に載せ、冰井台は氷の冷蔵庫も兼ねていた(地下はトンネルでつながっていたという)。また後趙の石虎(〜349年)はこの銅雀台をさらに拡大したと伝えられるが、現在は金虎台、銅雀台の一部しか残っておらず、鄴城三台遺跡として管理されている。

▲左　郊外への旅は、タクシーチャーターが望ましい。　▲右　むっちりとした北斉仏の肉体はインドなど西方の影響だという

北朝墓群 北朝墓群
běi cháo mù qún ベイチャオムウチュゥン [★☆☆]

東魏や北斉といった北朝の皇帝墓陵は都鄴の西郊外におかれた。東魏の有力者で、実質的な「北斉の建国者」高歓のものはじめ、東魏、北斉の王族の134の墓は北朝墓群と呼ばれている。五胡十六国の混乱は北魏（386〜534年）によって統一されたが、南流黄河を境とする鄴の東魏（534〜550年）と西安の西魏（535〜556年）に分裂し、やがてそれぞれ北斉（550〜577年）と北周（557〜581年）に替わった。これら華北東西の王朝は北周によって統一され、その後、隋（581

河北省

〜619年)、そして唐(618〜907年)へ続いた(鮮卑族を中心とする北朝では、北辺の国境を守る六鎮の軍人が強い力をにぎった)。漢族の文化を吸収した東魏と北斉は西側(西魏、北周)よりも豊かな文化を咲き誇らせたが、北周の強い軍事力の前に屈した。北朝墓群からは彫刻や財宝、副葬品などが出土しており、蘭陵王墓、北朝皇陵文化宮も残る。

西門豹祠 西门豹祠
xī mén bào cí シイメンバオツウ [★☆☆]

河北省と河南省の省境を流れる漳河のほとりに立つ西門豹祠（河南省安陽）。西門豹は戦国時代、魏の都だった鄴に赴任し、当時の鄴は各国の国境が入り組む要地だったが、貧しかった。西門豹が貧しさの理由を尋ねると、「河伯（黄河の神）のために若い娘が生贄にされ、儀式を行なう巫女とその配下は人民から莫大な税金をとっている」ということだった（数百万の銭を徴収し、儀式に2、30万が使われるだけだった）。さて、その儀式の日、生贄を黄河にさし出そうとする巫女に対して、

CHINA
河北省

　西門豹は「この娘ではいけない」「代わりに巫女に黄河に入ってもらおう」と巫女たちを黄河へ沈めていった。西門豹は迷信にとらわれていた鄴の民の貧しさの原因をたち、さらに黄河から鄴に12本の灌漑用水路をつくった。この話は当時、中国各地に地方土俗神がいたことと、中央から派遣されてきた官吏によって新たな秩序がつくられていったことを物語るのだという（また鉄製農具が大規模な治水や灌漑を可能にした）。西門豹祠には宋代と明清時代につくられた石碑が残っている。

▲左　華北の伝統的な宮城の門構えを見せる。　▲右　白酒（蒸留酒）のお酒の広告が見える

磁州窯遺跡 磁州窑遗址
cí zhōu yáo yí zhǐ ツウチョウヤオイイチイ ［★☆☆］

磁州窯は華北を代表する陶磁器で、河北省磁県を中心に河北、山西、陝西、河南、山東でつくられた。唐代ごろから現れ、開封に都のあった北宋の12世紀に最高の繁栄を迎え、明代、また現在まで陶磁器がつくられている。磁器と表記されている器は、もともと磁州窯で焼かれたものをさし、「釉薬のかかった、堅い焼きもの」は瓷器と呼んだ（明末から磁器と瓷器が併用されるようになった）。磁州窯の特徴は鉄分をふくんだ灰色の土にさらに白化粧をほどこし、透明の釉薬でしあ

CHINA
河北省

げること。また焼かれた表面に筆で動物や植物文様を絵描く技法は、のちの青花につながっていた。江南の陶磁器がしばしば皇帝に献上されたのに対して、磁州窯の陶磁器は民衆の日常生活に使われた。『邯鄲の夢』に登場する枕は陶器製で「瓷にしてその両端に穴あり」という記述があることから、磁州窯のものだと推定されている。

石炭と陶磁器

磁州窯の名になった磁県の「磁」は、磁石がとれることに由来する。北を指す磁石の指極性は1世紀に中国人がはじめて発見し、のちの航海術にもつながっていった（鉄を集める磁石は秦の始皇帝の時代から知られた）。この地が陶磁器の産地となったのは華北には二畳石炭紀の地層があり、カオリン質の土がとれるところ。陶磁器を焼く窯は鉱山の近くに位置し、石炭や磁石のそばには必ず質のよい土があるとされる。また陶磁器を焼く石炭が同時に産出されることも大きいという。

Guide,
Han Dan Jiao Qu
邯鄲郊外
城市案内

始皇帝が生命を落とした沙丘
邯鄲や鄴の衰退後
邢台や大名がこの地の中心となった

邢台 邢台 xíng tái シンタァイ ［★☆☆］

邯鄲の55km北に位置する邢台は、紀元前11世紀の周代からの伝統をもつ由緒正しい街。周公の子がこの地に封ぜられ、邢国がおかれた。南に華北平野、西に太行山脈、東に渤海に通じる地の利から要衝として発達し、312年、後趙の石勒が都をおいている。宋（960～1279年）代に邢台県となり、元代以後は順徳府の名で知られるようになった。また小麦や綿の栽培でも有名で、街の中心に立つ「清風楼」、元の朝廷で活躍した学者「郭守敬の墓」、「達活泉」、仏教寺院の「開元寺」、「予譲橋」など見どころも多い。

【地図】邯鄲郊外

【地図】邯鄲郊外の [★★☆]
- [ ] 北響堂山石窟 北响堂山石窟
   ベイシィアンタァンシャンシイクウ

【地図】邯鄲郊外の [★☆☆]
- [ ] 邢台 邢台シンタァイ
- [ ] 大名 大名ダアミン
- [ ] 媧皇宮 娲皇宮ワアフゥアンゴォン

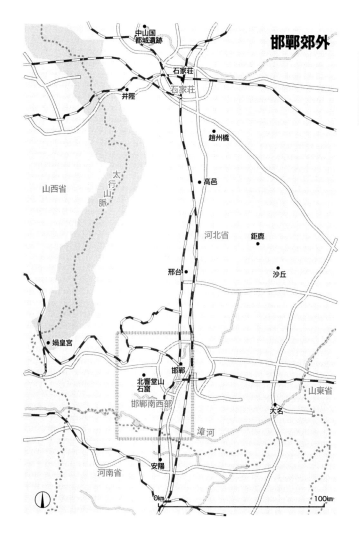

邯鄲郊外

邯鄲郊外城市案内

河北省

河北省南部と黄巾の乱

現在の道教教団の走りと見られている、後漢末に起こった太平道と五斗米道。これらは不老長寿や呪術などをもとにした教団で、太平道を指導した張角（河北省巨鹿出身）は河北省南部を根拠地とした。張角は「蒼天すでに死す、黄天まさに立つべし」を掲げて河北一帯に数十万の信徒を獲得し、この黄巾の乱は後漢（25〜220年）を滅亡に追いやった。またさかのぼれば項羽と劉邦で知られる項羽が秦軍を破ったのが邯鄲北東（邢台東）の鉅鹿、ほかに後漢を創始した劉秀は河北省高邑（邢台北60km）で諸将から推挙を受け、皇帝に即

邯鄲郊外城市案内 Handan

位したという経緯もある。

始皇帝が死んだ沙丘

邯鄲北東の沙丘の地には、古代中国にまつわるさまざまな逸話が伝えられている。古くは妲己を愛した殷（〜紀元前1050年）の「紂王の離宮」沙丘苑台があったと言われ、ここで酒池肉林が展開されたともいう。その後、邯鄲を都とした戦国趙（紀元前403年〜前222年）の離宮がおかれ、「胡服騎射」で知られる武霊王はその晩年を沙丘宮で過ごした（武霊王は恵文王に王位を譲ったものの、王になれなかった長子

河北省

の章に同情して趙の半分をあたえようとし、恵文王の勢力に離宮を包囲されて100日後に餓死した)。沙丘には、このときの長さ150m、幅70m、高さ3mの離宮跡が残っている。また紀元前210年、秦の始皇帝は4度目の巡行中に沙丘の地でなくなり、一行は始皇帝の死を隠したまま、予定通り井陘(石家荘近く)から咸陽へと戻った。

大名 大名 dà míng ダアミン ［★☆☆］

河北省、山東省、河南省が交わり、北京と杭州を結ぶ運河(煬帝の開削した永済渠)の通る要衝に位置した大名。邯鄲南東

邯鄲郊外城市案内

▲左　邯鄲でも高層ビルが見られるようになった。　▲右　ただただ続く1本道、邯鄲郊外にて

70kmのこの地は前燕の360年に都がつくられ、邯鄲や鄴が衰退するなかで河北省南部の中心都市として存在感を高めた。とくに開封に都をおいた北宋（960〜1127年）時代、北京大名府がここにおかれ、北方の遼に対する重要拠点（副都）となった。街には徽宗に由来する吉礼、嘉礼、賓礼、軍礼、凶礼の5つの礼を記した高さ12.34m、重さ140トンの「五礼記碑」、1401年に明洪武帝によって再建された「大名府古城遺跡」、明万暦帝時代の官吏劉遵憲の邸宅にあったという樹齢をもつ河北第一奇樹の「臥竜槐」などが残る。

河北省

媧皇宮 娲皇宫
wā huáng gōng ワアフゥアンゴォン [★☆☆]

古代から信仰を集めていた媧皇こと女媧をまつる媧皇宮。媧皇はここ邯鄲の古中皇山で、粘土で人をつくったと言われるほか、婚姻制度を創設した神さま、求子の神さまとして女性に信仰されてきた。この媧皇宮は鄴に都をおいた北斉（550〜577年）時代に建てられ、「古中皇山碑」「摩崖刻経」「皮瘍廟」「眼光洞」「蚕姑洞」などが点在する。

城市の
うつり
かわり

CHINA
河北省

古代、栄光に彩られた都
華北が異民族の占領され続けるなか
邯鄲は20世紀に入って再び輝きはじめた

古代（〜1世紀）

邯鄲の西郊外に中国最古級の新石器文化（磁山遺跡）が見られ、このあたりは華北でも古くから人が暮らしていたことがわかっている。邯鄲という名前は、紀元前546年に確認でき、春秋時代は衛の邑、その後、紀元前386年に趙の都となってから戦国随一の都として繁栄をきわめた。当時、商人が各地からの物資を運び、美しい邯鄲女性や洗練された邯鄲の歩きかたも知られていた。紀元前228年、秦の猛攻で趙の邯鄲は滅んだが、以後、漢代までは長安、洛陽、臨淄、宛、成都などとならぶ中国屈指の都市と知られていた。春秋戦国時代か

ら秦漢帝国へいたる時代は、周の子孫の諸夏（封建された諸国の王が統治する国）の並立状態から、皇帝のもと中国全土がはじめて統一され、中央の官吏が地方へ派遣される郡県制へと移行する時代だった。

魏晋南北朝（3 〜 7 世紀）

後漢（25 〜 220 年）になると邯鄲はおとろえ、その代わりに台頭したのが邯鄲南 35km に位置する鄴だった。後漢以来、五胡と呼ばれる異民族が中国領土内に住むようになり、これらも配下とした魏の曹操は鄴に都をおいた。南に黄河と中原、

CHINA
河北省

北に北方民族、西に太行山脈を越えて長安、東に豊かな山東へ通じるこの地は華北を代表する要衝となり、後趙（335～350年）、魏（350～352年）、前燕（357～370年）、東魏（534～550年）、北斉（550～577年）の都がおかれた。とくに北斉時代に開削された響堂山石窟では美しい仏教文化が咲き誇ったが、この鄴は北周（557～581年）によって滅亡し、以後は衰退した。

唐宋元明清（7～19世紀）
唐代の邯鄲は玄宗時代『枕中記』のなかで記された「邯鄲の

▲左　豆乳と軽食を売る屋台で腹ごなし。　▲右　緑色でふかれた屋根、中国の伝統的な建築様式をもつ

夢」で知られるものの、唐代の河北南部では邢台（邯鄲北）と大名（邯鄲南東）に行政の中心があった。また唐から宋へと時代が遷るなか、五代十国時代の10世紀に現在につながる邯鄲の街がつくられている。開封に都がおかれた宋代、「運河」永済渠の通る邯鄲南東の大名は副都北京大名府となった（この時代、磁県の磁州窯も栄えた）。また明清時代も、順徳と呼ばれた邢台と大名が河北省南部の中心地で、20世紀を迎えたとき「直隷省大名道邯鄲県」と邯鄲は現在とは反対の立場の大名に付属する「県（街）」となっていた（現在は邯鄲のほうが上位に来る邯鄲市大名県）。

河北省

近現代（20世紀〜）

1937年の盧溝橋事件以後、日本軍は京漢鉄道沿いに兵を南下させた。一方、河北、河南、山東、山西といった省境に位置する邯鄲は、日本軍に抵抗する中国共産党軍の根拠地となり、やがて国共内戦をへて1949年、中華人民共和国が成立した。当時の邯鄲は人口3万人ほどの小さな街で、戦国七雄の「趙の都」であることや、「邯鄲の夢」の故事が伝えられる程度だった。邯鄲近郊は石炭や鉄鉱石といった地下資源を豊富に埋蔵するため、やがて工業化の中心地となり、20世紀なかごろから邯鄲は新興工業都市という性格をもつように

Handan 城市のうつりかわり

▲左 子どもたちがメンコで遊んでいた。 ▲右 学歩橋にほどこされていた装飾、馬が馬車をひく

なった。また21世紀に入って中国が急速な発展をとげるなかで、石炭排出による公害が問題視され、環境に配慮した新たな都市づくりも模索されている。

参考文献

『邯鄲 戰國時代趙都城址の發掘』(駒井和愛・關野雄 / 東亜考古学会)

『史記列伝』『史記世家』(司馬遷・小川環樹訳 / 岩波書店)

『中国古代の城』(五井直弘 / 研文出版)

『邯鄲盛衰 刎頸の交わり』(伴野朗 / 徳間書店)

『中国史上の民族移動期』(田村実造 / 創文社)

『魏晋南北朝時代における鄴城周辺の牧畜と民族分布』(市来弘志 / 東方書店)

『中国政治変動の諸環境 -- 内戦期前の陝日寧地域・晋冀魯予地域の比較考察』(天児慧 / 琉大法学)

『永生への願い 道教』(吉岡義豊 / 淡交社)

『河北磁縣・河南武安響堂山石窟 河北河南省境における北齊時代の石窟寺院』(水野清一・長廣敏雄 / 東方文化學院京都研究所)

『邯鄲市志』(邯鄲市地方志編纂委員会編 / 新华出版社)

『世界大百科事典』(平凡社)

邯鄲旅游网(中国語) http://www.handantour.com.cn/

まちごとパブリッシングの旅行ガイド

Machigoto INDIA , Machigoto ASIA , Machigoto CHINA

【北インド - まちごとインド】

001 はじめての北インド
002 はじめてのデリー
003 オールド・デリー
004 ニュー・デリー
005 南デリー
012 アーグラ
013 ファテープル・シークリー
014 バラナシ
015 サールナート
022 カージュラホ
032 アムリトサル

【西インド - まちごとインド】

001 はじめてのラジャスタン
002 ジャイプル
003 ジョードプル
004 ジャイサルメール
005 ウダイプル
006 アジメール（プシュカル）
007 ビカネール
008 シェカワティ
011 はじめてのマハラシュトラ
012 ムンバイ
013 プネー
014 アウランガバード
015 エローラ
016 アジャンタ
021 はじめてのグジャラート
022 アーメダバード
023 ヴァドダラー（チャンパネール）
024 ブジ（カッチ地方）

【東インド - まちごとインド】

002 コルカタ
012 ブッダガヤ

【南インド - まちごとインド】

001 はじめてのタミルナードゥ
002 チェンナイ
003 カーンチプラム
004 マハーバリプラム
005 タンジャヴール
006 クンバコナムとカーヴェリー・デルタ
007 ティルチラパッリ
008 マドゥライ
009 ラーメシュワラム
010 カニャークマリ
021 はじめてのケーララ
022 ティルヴァナンタプラム
023 バックウォーター（コッラム～アラップーザ）
024 コーチ（コーチン）
025 トリシュール

【ネパール - まちごとアジア】

001 はじめてのカトマンズ
002 カトマンズ
003 スワヤンブナート

004 パタン
005 バクタプル
006 ポカラ
007 ルンビニ
008 チトワン国立公園

【バングラデシュ - まちごとアジア】

001 はじめてのバングラデシュ
002 ダッカ
003 バゲルハット（クルナ）
004 シュンドルボン
005 プティア
006 モハスタン（ボグラ）
007 パハルプール

【パキスタン - まちごとアジア】

002 フンザ
003 ギルギット（KKH）
004 ラホール
005 ハラッパ
006 ムルタン

【イラン - まちごとアジア】

001 はじめてのイラン
002 テヘラン
003 イスファハン
004 シーラーズ
005 ペルセポリス
006 パサルガダエ（ナグシェ・ロスタム）
007 ヤズド
008 チョガ・ザンビル（アフヴァーズ）
009 タブリーズ
010 アルダビール

【北京 - まちごとチャイナ】

001 はじめての北京
002 故宮（天安門広場）
003 胡同と旧皇城
004 天壇と旧崇文区
005 瑠璃廠と旧宣武区
006 王府井と市街東部
007 北京動物園と市街西部
008 頤和園と西山
009 盧溝橋と周口店
010 万里の長城と明十三陵

【天津 - まちごとチャイナ】

001 はじめての天津
002 天津市街
003 浜海新区と市街南部
004 薊県と清東陵

【上海 - まちごとチャイナ】

001 はじめての上海
002 浦東新区
003 外灘と南京東路
004 淮海路と市街西部
005 虹口と市街北部
006 上海郊外（龍華・七宝・松江・嘉定）
007 水郷地帯（朱家角・周荘・同里・甪直）

【河北省 - まちごとチャイナ】

001 はじめての河北省
002 石家荘
003 秦皇島
004 承徳
005 張家口
006 保定
007 邯鄲

【江蘇省 - まちごとチャイナ】

001 はじめての江蘇省
002 はじめての蘇州
003 蘇州旧城
004 蘇州郊外と開発区
005 無錫
006 揚州
007 鎮江
008 はじめての南京
009 南京旧城
010 南京紫金山と下関
011 雨花台と南京郊外・開発区
012 徐州

【浙江省 - まちごとチャイナ】

001 はじめての浙江省
002 はじめての杭州
003 西湖と山林杭州
004 杭州旧城と開発区
005 紹興
006 はじめての寧波
007 寧波旧城
008 寧波郊外と開発区
009 普陀山
010 天台山
011 温州

【福建省 - まちごとチャイナ】

001 はじめての福建省
002 はじめての福州
003 福州旧城
004 福州郊外と開発区
005 武夷山
006 泉州
007 廈門
008 客家土楼

【広東省 - まちごとチャイナ】

001 はじめての広東省
002 はじめての広州
003 広州古城
004 天河と広州郊外
005 深圳（深セン）
006 東莞
007 開平（江門）
008 韶関
009 はじめての潮汕
010 潮州
011 汕頭

【遼寧省 - まちごとチャイナ】

001 はじめての遼寧省
002 はじめての大連
003 大連市街
004 旅順
005 金州新区

006 はじめての瀋陽
007 瀋陽故宮と旧市街
008 瀋陽駅と市街地
009 北陵と瀋陽郊外
010 撫順

【重慶 - まちごとチャイナ】

001 はじめての重慶
002 重慶市街
003 三峡下り（重慶〜宜昌）
004 大足

【香港 - まちごとチャイナ】

001 はじめての香港
002 中環と香港島北岸
003 上環と香港島南岸
004 尖沙咀と九龍市街
005 九龍城と九龍郊外
006 新界
007 ランタオ島と島嶼部

【マカオ - まちごとチャイナ】

001 はじめてのマカオ
002 セナド広場とマカオ中心部
003 媽閣廟とマカオ半島南部
004 東望洋山とマカオ半島北部
005 新口岸とタイパ・コロアン

【Juo-Mujin（電子書籍のみ）】

Juo-Mujin 香港縦横無尽
Juo-Mujin 北京縦横無尽
Juo-Mujin 上海縦横無尽

【自力旅游中国 Tabisuru CHINA】

001 バスに揺られて「自力で長城」
002 バスに揺られて「自力で石家荘」
003 バスに揺られて「自力で承徳」
004 船に揺られて「自力で普陀山」
005 バスに揺られて「自力で天台山」
006 バスに揺られて「自力で秦皇島」
007 バスに揺られて「自力で張家口」
008 バスに揺られて「自力で邯鄲」
009 バスに揺られて「自力で保定」
010 バスに揺られて「自力で清東陵」
011 バスに揺られて「自力で潮州」
012 バスに揺られて「自力で汕頭」
013 バスに揺られて「自力で温州」

【車輪はつばさ】
南インドのアイラヴァテシュワラ寺院には建築本体に車輪がついていて寺院に乗った神さまが人びとの想いを運ぶと言います。

・本書はオンデマンド印刷で作成されています。
・本書の内容に関するご意見、お問い合わせは、発行元の
　まちごとパブリッシング info@machigotopub.com までお願いします。

まちごとチャイナ
河北省007邯鄲
～「黄粱一炊の夢」と春秋戦国［モノクロノートブック版］

2017年11月14日　発行

著　者	「アジア城市（まち）案内」制作委員会
発行者	赤松　耕次
発行所	まちごとパブリッシング株式会社 〒181-0013　東京都三鷹市下連雀4-4-36 URL http://www.machigotopub.com/
発売元	株式会社デジタルパブリッシングサービス 〒162-0812　東京都新宿区西五軒町11-13 清水ビル3F
印刷・製本	株式会社デジタルパブリッシングサービス URL http://www.d-pub.co.jp/

MP170

ISBN978-4-86143-304-7　C0326　　　　Printed in Japan
本書の無断複製複写（コピー）は、著作権法上での例外を除き、禁じられています。